CODE
DES
ENFANS NATURELS.

OUVRAGES des Citoyens Vermeil *et* Fournel, *qui se trouvent au Dépôt des Lois.*

Code des Successions, avec des explications en forme de commentaires, par le citoyen Vermeil, 2 vol. *in*-12. 4 fr. 50 cent. — 6 fr. *franc de port.*

Code des Transactions, avec des explications, par les citoyens Vermeil et Fournel, 2 vol. *in*-8.° 4 fr. — 5 fr. 25 cent. *franc de port.*

Dictionnaire raisonné des Transactions, par Fournel, 3 fr. — 4 f. *franc de port.* = On peut se procurer séparément les *Analyses raisonnées des différentes Lois sur les Transactions*, par le même.

Traité de la Contrainte par Corps, considérée dans ses rapports avec les Lois nouvelles, par Fournel, 2 fr. 50 cent. — 3 fr. 25 cent. *franc de portt.*

Manuel instructif des Entrepreneurs de bâtimens, pour la conservation des priviléges de bâtisse, conformément au nouveau Code Hypothécaire, par Fournel, 60 cent. — 75 cent. *franc de port.*

FAUTE ESSENTIELLE A CORRIGER.

(3) La Loi du 12 brumaire an II, *sur les Enfans naturels*, se trouve à la page 60, et porte la date du 2.e jour du 2.e mois de l'an second : lisez 12.e *jour.*

CODE

DES

ENFANS NATURELS,

OU

RECUEIL COMPLET DES LOIS ET ARRÊTÉS

QUI LEUR SONT RELATIFS,

AVEC une explication, par ordre de matières, de ces Lois et Arrêtés, des 4 Juin 1793, 12 Brumaire an II (1), 25 Nivose an III, 26 Vendémiaire et 15 Thermidor an IV, 12 Ventose an V et 2 Ventose an VI.

PAR le Citoyen VERMEIL, ancien Jurisconsulte.

A PARIS,
Chez RONDONNEAU, au Dépôt des Lois,
Place du Carrousel.

AN VII DE LA RÉPUBLIQUE.

DES DROITS

DES

ENFANS NÉS HORS MARIAGE,

SUIVANT LES LOIS NOUVELLES.

L'ÉTAT de bâtardise a pour origine une union naturelle; l'état de légitimité, une union fondée sur un contrat civil autorisé par la loi.

Une des premières et des plus belles institutions sociales, fut celle du mariage, de ce contrat solemnel par lequel deux personnes de différent sexe promettent de vivre ensemble, de s'entr'aider, d'élever les enfans qui naîtront de leur union, dans l'obéissance aux lois et dans l'observation des devoirs qu'elles prescrivent.

Aussi la politique de toutes les nations a-t-elle donné à cette sorte d'engagement beaucoup d'importance et de solemnité.

C'est par cette solemnité même que le magistrat fut mis à portée de veiller sur la conduite des pères et mères et des enfans, pour assurer à ceux-ci les secours à eux dûs par leurs auteurs, et pour les maintenir dans l'obéissance et les égards qu'ils leur devaient.

Alors fut tracée la ligne de démarcation entre les enfans du mariage et ceux qui n'en étaient point nés, entre les enfans d'une origine proclamée au nom de la loi et ceux d'une origine incertaine et mystérieuse.

Delà la différence établie entre eux chez toutes les nations policées, relativement à la faculté de succéder à leurs auteurs.

Les lois d'Athènes regardèrent les enfans nés hors mariage, comme étrangers à leur père, et parconséquent comme incapables de lui succéder (1).

Le droit romain fut moins rigoureux à leur égard. Une constitution de l'empereur Justi-

(1) Samuel Petit, dans son commentaire sur les lois d'Athènes.

nien (2) permettait à ceux qui avaient en même-temps des bâtards et des enfans légitimes, de donner la douzième partie de leurs biens aux bâtards, tant pour eux que pour leur mère; et à ceux qui n'avaient pas d'enfans légitimes, de leur en donner la moitié.

Cette même constitution, en cas de décès du père *ab intestat*, attribuait la totalité de la succession aux enfans légitimes, à l'exclusion des bâtards; mais elle en accordait à ceux-ci la sixième partie, à défaut d'enfans légitimes.

Ils furent traités plus favorablement, relativement à la succession de leur mère, parce que la maternité a des caractères beaucoup plus certains que la paternité.

En France, dans les premiers temps de la monarchie, ces différentes morales furent pour ainsi dire méconnues, parce que la raison publique n'était pas suffisamment éclairée. Au commencement de la troisième race, elle fut égarée par des préjugés religieux, et sub-

(1) Novelle 18, c. 15.

juguée par la puissance féodale qui voulait tout soumettre ou tout envahir.

Dans les provinces ou la servitude personnelle était établie, on considéra les bâtards comme serfs et main-mortables : il ne leur fut permis d'abord que d'épouser des personnes de leur condition ; ils furent même privés du droit de tester de ce qu'ils pouvaient avoir acquis (1), et leur succession fut dévolue aux seigneurs du territoire qu'ils habitaient.

Cependant, par la suite, leur sort reçut quelques adoucissemens. Les enfans naturels, nés de personnes libres, furent admis dans plusieurs coutumes à succéder à leur mère (2) ; mais ils ne succédèrent point à leur père.

Quant aux dispositions des pères au profit de leurs enfans naturels, les coutumes ont également varié. Les unes ont interdit au père toute disposition testamentaire en faveur de

---

(1) Bacquet du droit d'aubaine, chap. 3.

(2) Bretagne, art. 480.
Anjou, art. 345.
Le Maine, art. 355.

son enfant naturel (1); d'autres lui ont permis de donner à cet enfant, soit entre-vifs, soit par testament, pourvu que le don fût modéré (2).

Mais dans tout le territoire de l'ancienne France, la jurisprudence des tribunaux obligeait les père et mère des enfans naturels à leur donner les soins et secours qu'exigeait leur première enfance, et le père sur-tout à leur fournir des alimens dans un âge plus avancé, s'ils étaient hors d'état de se suffire à eux-mêmes.

Il résulte de ces observations, qu'avant le nouveau régime les enfans naturels n'avaient point les droits de famille, et qu'ils ne pouvaient en quelque sorte prétendre qu'à cette espèce de secours que la pitié ne peut refuser à l'infortune.

La révolution s'est opérée, et les lois nouvelles ont voulu venger la nature dans la personne des enfans naturels, trop long-temps punis des fautes de leur père et mère. C'est

---

(1) Anjou, art. 345.
Le Maine, art. 357.

(2) Melun, art. 297.

d'après cette nouvelle législation, telle qu'elle existe aujourd'hui, qu'il convient d'examiner les droits qu'elle attribue aux enfans nés hors mariage.

Nous traiterons d'abord du droit de famille accordé aux enfans nés de personnes libres, et de leur successibilité, suivant la loi du 12 brumaire an II;

2.° De l'époque à partir de laquelle ils sont aujourd'hui admis à succéder, d'après l'abolition de l'effet rétroactif de cette loi;

3.° Du mode d'exécution relatif à l'abolition de cet effet rétroactif;

4.° Des preuves de filiation propres à établir les droits de successibilité;

5.° Du droit des enfans naturels qui ne sont pas nés de personnes libres.

6.° Des enfans naturels sous le rapport des droits politiques.

SECTION PREMIÈRE.

De la successibilité des enfans nés hors mariage, et de personnes libres.

1.° Relativement au père.

2.° Relativement à la mère.

3.° Relativement aux collatéraux.

4.° De la successibilité du père à son enfant né hors mariage.

5.° De la successibilité des enfans naturels, concuremment avec des frères et sœurs légitimes.

§. I.er

De la successibilité de l'enfant, relativement à son père.

Le premier décret rendu sur cette matière est celui du 4 juin 1793, portant que les enfans nés hors mariage succéderont à leur père dans la forme qui sera déterminée. Ensuite est intervenue la loi du 12 brumaire an II, portant, article II : *Que les droits de successibilité des enfans nés hors mariage sont les mêmes que ceux des autres enfans.*

Ainsi voilà les enfans naturels placés tout-à-coup sur la même ligne que les enfans légitimes. S'ils avaient été trop rigoureusement traités dans l'ancien régime, ne le seraient-ils pas trop avantageusement dans le nouveau ? Combien de gens hésiteront à contracter un engagement qui entraîne des devoirs et des charges, tel que celui du mariage, s'il n'est nullement nécessaire pour transmettre la totalité de ses biens à sa postérité ? Que deviendra la morale publique, si tous les hommes, inconstans et avides de jouissances, se croient autorisés par la loi à passer successivement dans les bras de plusieurs femmes, qui ne manqueront pas d'imiter leur exemple ? Quel soin prendront-ils des enfans nés d'un pareil commerce, quand ils n'auront pas la conscience de leur paternité ? Et de quels devoirs ces enfans seront-ils tenus envers eux, quand ils n'auront pas la certitude de leur origine ?

La saine morale exige donc que le mariage soit honoré, qu'on donne une grande importance aux devoirs qu'il impose, et qu'on attache de la considération à ceux qui les remplissent avec exactitude.

A la vérité, les époux sont autorisés par le droit nouveau à se faire telles donations qu'ils jugent à-propos, lorsqu'ils n'ont point d'enfans ; mais les concubines, au défaut de la loi, ont, pour se faire donner, l'avantage de dangereux prestiges. A la vérité encore, la Constitution appelle de préférence, à quelques grandes places, les hommes mariés ou veufs; mais cette distinction est indifférente pour la multitude.

Il conviendrait donc d'établir une différence légale entre les enfans naturels et les enfans légitimes, relativement à la faculté de succéder, puisqu'il en existe une bien réelle entre le mariage et le concubinage; et comme il est dans l'ordre de la nature d'aimer ses enfans de préférence à tout, l'homme se trouverait porté au mariage par le desir de leur transmettre la totalité de sa fortune, s'il ne pouvait pas le faire autrement.

Nous sommes loin cependant de réclamer contre les enfans naturels la sévérité des anciennes lois, et de vouloir les réduire à de simples alimens qui n'avaient d'autre objet que de les empêcher de périr de misère.

Mais ne serait ce pas faire assez pour eux, que de leur donner dans la succession de leur père, décédé sans enfans légitimes, la moitié des biens par lui laissés, de manière que les collatéraux recueillissent l'autre moitié?

Nous ne hasardons ces réflexions que parce que nous ne regardons pas le sort des enfans nés hors mariage comme irrévocablement déterminé par la loi du 12 brumaire. L'objet de cette loi ne paraît autre, en effet, que de régler leur état jusqu'à la publication du code, ainsi qu'il résulte de l'article X.

Mais en attendant que des réflexions, mûries par l'expérience, aient amené le législateur à tracer la ligne qui doit exister entre les enfans du mariage et les enfans nés hors mariage, la loi doit recevoir son entière exécution.

§. II.

De la successibilité, relativement à la mère.

L'enfant naturel a un titre plus certain vis-à-vis de la femme qui l'a mis au monde, que vis-à-vis de l'homme qui a concourru à son existence ; car la maternité s'annonce par des signes extérieurs et certains, tandis que la paternité peut être encore douteuse, lors même qu'elle est avouée.

Voilà la raison pour laquelle, dans l'ancien

droit, quelques coutumes, ainsi que nous l'avons déjà observé, admettaient les enfans naturels à la succession de leur mère, tandis qu'elles ne les admettaient pas à la succession de leur père.

La loi du 12 brumaire n'établit à cet égard aucune différence ; elle les appelle, par l'article I.er, à l'une et l'autre succession. Nous croyons néanmoins que cette différence existe par la nature des choses ; que le droit de successibilité ayant la filiation pour base, et que cette filiation présentant plus de certitude du côté de la mère que du côté du père, on pourrait assurer aux enfans naturels, une plus grande portion dans la succession de leur mère que dans celle de leur père : ainsi on pourrait leur donner les deux tiers dans la succession de leur mère, tandis qu'ils ne prendraient que moitié dans celle du père.

§. III.

De la successibilité, relativement aux collatéraux.

Dans l'ancien régime, les enfans naturels n'ayant pas les droits de famille, n'ayant en leur faveur que le droit naturel de demander les secours nécessaires à leur conservation vis-à-vis de ceux qui leur avaient donné la vie, ne pouvaient rien exiger des parens collatéraux de leur père, pas même de simples alimens; à plus forte raison n'avaient-ils aucun droit à leur succession.

Mais la loi du 12 brumaire leur ayant accordé les droits de famille dans leur plénitude, a établi, art. IX, une successibilité réciproque entre eux et les collatéraux, à défaut d'héritiers directs.

Cette disposition sera pareillement susceptible de modification, si le code civil que l'on attend place les enfans naturels au-dessous des enfans légitimes. Alors il serait convenable de ne leur accorder que la moitié d'une portion héréditaire dans la succession d'un collatéral décédé; et de n'attribuer, lors de leur décès sans enfans, que la moitié de leurs biens à leurs collatéraux plus proches. Quant à l'autre moitié, nous pensons qu'elle devrait être dévolue aux hospices qui servent de refuge à ces enfans nés hors mariage, abandonnés par leur père et mère et qu'on appelle communément *enfans trouvés*.

Cette destination paraît justifiée par la parité d'origine, et il semble naturel que la fortune des uns serve du moins en partie au soulagement des autres.

§. IV.

De la successibilité du père à son enfant né hors mariage.

Cette successibilité ne peut avoir lieu que dans le cas où l'enfant né hors mariage ne laisserait point d'héritiers directs; car la succession en ligne ascendante est contre l'ordre de la nature, suivant lequel les enfans sont appelés à recueillir les biens de leurs père et mère.

La loi du 12 brumaire, ni aucune autre rendue depuis, ne parle de la successibilité des père et mère en pareil cas; mais il ne faut pas douter qu'elle n'ait été dans l'intention du législateur, puisqu'il a placé, du moins provisoirement, les enfans naturels dans la même classe que les enfans légitimes.

Ajoutons qu'il est dans l'ordre des choses

que celui qui a bien voulu donner un état, une existence à l'enfant qu'il a déclaré sien, quoique rien ne l'obligeât à le faire, soit admis à la succession de cet enfant, décèdé avant lui sans postérité. C'est par la reconnaissance volontaire du père que l'enfant aura été rendu habile à succéder ; et c'est dans l'hérédité de cet enfant, décédant avant lui, que le père doit en trouver la récompense.

A l'égard de la mère, elle doit succéder, en pareil cas, comme le père; car si elle a eu moins de mérite que lui à reconnaître l'enfant pour sien, elle en a eu communément davantage dans les soins qu'elle a pris pour élever son enfance et pour sa conservation.

§. V.

De la successibilité des enfans naturels, concurremment avec les frères et sœurs légitimes.

La loi, encore une fois, ayant donné par l'article I.er aux enfans naturels les mêmes droits qu'aux enfans légitimes, il en résulte que dans l'état actuel, et jusqu'à la publication du code, les enfans naturels doivent partager également avec les enfans légitimes du même père ou de la même mère.

Cependant, même en donnant à l'enfant naturel la faculté de recueillir la totalité de la succession de son père décédé sans enfans légitimes, la loi aurait pu accorder un droit de préférence à ces derniers, dans le cas dont il s'agit ici.

En effet, l'enfant né pendant le mariage, élevé publiquement dans la maison de ses père et mère, avec toutes les prérogatives dont la loi l'a investi à l'instant même de sa naissance, ne doit-il pas être préféré à cet enfant du hasard, s'il est permis de parler ainsi, qui serait resté enseveli dans une obscurité profonde et dans l'ignorance entière de son origine, si cet intérêt puissant que commande la nature n'en eût trahi le secret? Un pareil enfant, lors de la mort du père, viendra-t-il tout-à-coup se placer à côté de l'enfant légitime qui peut-être même ignorait son existence? Nous croyons qu'en pareil cas la loi serait assez généreuse en n'accordant à ce batard que le tiers d'une portion héréditaire.

SECTION II.

A partir de quelle époque le droit de succéder est-il ouvert au profit des enfans nés hors mariage ?

1.° Ne peut avoir lieu sur les successions directes échues avant le 4 juin 1793.

2.° Ne peut avoir lieu sur les successions collatérales échues avant la publication de la loi du 12 brumaire.

3.° Dans quel cas les enfans issus de l'enfant naturel peuvent-ils, comme représentant leur père, prendre part à une succession directe échue postérieurement au 4 juin 1793 ?

4.° Dans quel cas peuvent-ils prétendre au même titre à une succession collatérale échue postérieurement à la loi du 12 brumaire ?

§. I.er

Le droit de succéder en ligne directe ne peut avoir lieu que sur les successions échues depuis le 4 juin 1793.

La loi du 12 brumaire donnait à ses dispositions un effet rétroactif au 14 juillet 1789, sous prétexte qu'à cette première époque de notre révolution, le principe de l'égalité, et toutes les conséquences qui en dérivent, avaient été implicitement proclamés par le peuple de la capitale.

Cette rétroaction a donné lieu à une multitude de recherches de la part d'enfans nés hors mariage relativement à des successions ouvertes postérieurement au 14 juillet; mais on a réclamé contre cette rétroaction; il a été reconnu que, dans ce cas comme dans tout autre, elle était contraire à tout principe de législation; que les lois existantes ne pouvaient être abrogées que par des lois nouvelles, promulguées suivant les formes établies; que tout ce qui avait été fait, sous l'autorité des anciennes lois, était garanti par elles; et que si la garantie de la loi était sans effet, il n'y aurait plus rien de stable dans l'ordre social. En conséquence le législateur, par le décret du 3 vendémiaire an IV, art. XIII, a ordonné que la loi du 12 brumaire, concernant le droit de succéder des enfans nés hors mariage, n'aurait d'effet qu'à compter du jour de sa publication.

Des réclamations se sont encore élevées contre cette disposition. Il a été observé que la successibilité de ces enfans à leurs père et mère avait été décrétée en principe par la loi du 4 juin 1793, et que par conséquent ils ne pouvaient être privés de leurs droits dans les successions directes échues depuis cette époque.

Ces observations ont donné lieu au décret du 15 thermidor an IV, qui les admet en effet à ces successions.

Il résulte de là qu'ils ne peuvent avoir aucun droit sur les successions ouvertes antérieurement à la publication du décret du 4 juin 1793.

§. II.

Le droit de succéder ne peut avoir lieu en collatérale que sur les successions échues depuis la loi du 12 brumaire.

Il paraît que le législateur n'avait envisagé d'abord les enfans nés hors mariage que dans leur rapport avec leurs père et mère : en conséquence, le décret du 4 juin 1793 ne les admet qu'à la succession de ces derniers, sans faire aucune mention de successions collatérales : c'est environ cinq mois après que la loi du 12 brumaire, art. IX, a établi un droit de successibilité réciproque entre eux et leurs parens collatéraux, à défaut d'héritiers directs, mais à compter de ce jour seulement. Nous croyons que le législateur a voulu dire, *à compter du jour de la publication de la présente loi;* car il est de principe que les lois ne deviennent obligatoires qu'au moment de leur promulgation.

Ainsi, dans l'état actuel de notre législation, les enfans nés hors mariage ne peuvent avoir droit en collatérale sur les successions de leurs parens, échues antérieurement à la loi du 12 brumaire an II ; à la différence des successions directes auxquelles ils sont appelés, si elles sont échues postérieurement à la publication de la loi du 4 juin 1793.

§. III.

Les descendans d'un enfant naturel peuvent-ils être admis à une succession directe échue depuis la publication de la loi du 4 juin 1793?

Nous supposons ici que l'enfant naturel est décédé avant son père, et qu'il a laissé des descendans ; ces derniers auront-ils droit, comme représentant l'enfant naturel, à la succession de leur aïeul décédé depuis le 4 juin 1793?

Il faut distinguer : ou l'enfant né hors mariage est mort avant la publication de la loi du 4 juin 1793, ou il n'est mort que depuis. Au premier cas, il n'aura point été investi du droit de successibilité attribué par cette loi aux enfans naturels, et il n'aura pu par conséquent transmettre ce droit à sa descendance : au second cas, il en aurait été investi par la loi ci-dessus citée, puisqu'il ne serait mort qu'après sa promulgation. Il aura donc pu transmettre ce droit à ses enfans; et ces derniers, par représentation de leur père, succéderont dans ce cas à leur aïeul. La même raison de décider s'applique à la succession de la mère de l'enfant naturel.

§. IV.

Les descendans de l'enfant naturel peuvent-ils, comme représentant leur père, prendre part dans une succession collatérale échue depuis la loi du 4 juin 1793?

Il faut encore distinguer ici : ou la succession collatérale s'est ouverte dans l'intervalle de la loi du 4 juin à celle du 12 brumaire, ou elle ne s'est ouverte que depuis cette dernière loi.

Au premier cas, les descendans de l'enfant né hors mariage n'auront rien à prétendre dans cette succession, parce qu'ils ne peuvent avoir plus de droit que leur père, et parce que si le père eût été vivant, lors de l'ouverture de cette succession, il n'aurait eu rien à réclamer ; puisque la loi du 12 brumaire, art. IX, n'admet, comme nous l'avons vu, les enfans naturels à prendre part en collatérale que dans les successions qui s'ouvriraient à l'avenir. La loi additionnelle du 15 thermidor an IV contient encore une disposition précise à cet égard.

Au second cas, c'est-à dire si la succession s'est ouverte depuis la publication de la loi du 12 brumaire an II, il faut examiner si l'enfant naturel que sa descendance représente est mort avant cette publication, et dans un temps par conséquent où la successibilité collatérale ne lui était point acquise ; dans ce cas, il ne l'aurait point transmise à ses enfans. Mais si l'enfant naturel n'est mort que postérieurement à la publication de la loi qui le déclarait successible en collatérale, sa descendance prendra dans la succession la part qu'il y prendrait lui-même, s'il était vivant.

SECTION III.

Du mode d'exécution relatif à l'abolition de l'effet rétroactif de la loi du 12 brumaire.

Cette loi, comme nous l'avons déjà observé, n'était rétroactive au 14 juillet 1789 qu'en ce qui concernait la successibilité en ligne directe de l'enfant né hors mariage.

Des successions de père et mère se sont ouvertes dans l'intervale écoulé depuis cette époque jusqu'à la loi du 4 juin 1793, qui a proclamé leur successibilité en directe. Plusieurs enfans nés hors mariage ont recueilli tout ou partie de ces successions, en vertu de la rétroaction ; mais ils ont été déchus de l'héritage par l'article XIII de la loi du 3 vendémiaire an IV, qui abolit l'effet rétroactif ; et par suite de cette déchéance, ils sont tenus de restituer ce qu'ils ont reçu.

La loi du 15 thermidor an IV, en abrogeant de nouveau cet effet rétroactif, a prescrit, article II, pour mode d'exécution, les règles établies par la loi du 3 vendémiaire, sur l'abolition de la rétroaction des lois des 5 brumaire et 17 nivose an II.

Nous croyons donc devoir ici retracer ces règles, en les appliquant aux cas particuliers de la déchéance des enfans naturels.

PREMIÈRE RÈGLE.

Si les enfans nés hors mariage ont aliéné ou hypothéqué, avant la promulgation de la loi du 3 vendémiaire, quelques immeubles, à eux échus par la rétroaction que cette loi abolit, les tiers de bonne foi qui ont traité avec eux sous la garantie de la loi existante alors, ne doivent point souffrir de son abolition, et ces sortes d'engagemens doivent produire tout leur effet, sauf le recours des héritiers contre l'enfant naturel déchu. (1)

II.e RÈGLE.

L'enfant naturel n'est point obligé de restituer les fruits par lui perçus avant la publication de la loi qui abolit l'effet rétroactif de celle du 12 brumaire, parce qu'il a joui de

(1) Article I.er de la loi du 3 vendémiaire.

bonne foi, et parce qu'il est de principe que le possesseur de bonne foi fait les fruits déçus. (1)

III.e RÈGLE.

Les héritiers légitimes qui ont été dépouillés en tout ou en partie par l'enfant naturel, sont tenus de recevoir les biens pour lui recueillis dans l'état où ils se trouvent, sauf leur action pour abattis de bois-futaie. Celui en effet qui jouit à titre de propriétaire, parce que la loi le constitue tel, n'est pas obligé d'entretenir comme le possesseur précaire qui jouit pour autrui; car s'il néglige son bien, il ne croit préjudicier qu'à lui-même. Il faut excepter néanmoins l'abattis de bois de haute-futaie, parce que cette sorte de bois est le produit d'un grand nombre d'années, et que sa coupe diminue considérablement la valeur du fonds. (2)

IV.e RÈGLE.

L'enfant naturel déchu, qui a vendu quelques-uns des objets tombés dans son lot, doit

(1) Art. II de la loi du 3 vendémiaire.

(2) Art. III *idem*.

enir compte aux héritiers du prix qu'il en a etiré, ou de leur valeur au temps où il les recueillis, s'ils sont sortis de ses mains au- rement qu'à titre onéreux. (1)

V.e RÈGLE.

Si l'enfant né hors mariage a fait des amé- liorations dans les biens qu'il se trouve obligé de rendre; s'il a acquitté des charges, autres que celles affectées à la simple jouissance, il en doit être indemnisé par les héritiers, parce que dans le fait il se trouve avoir amélioré leur chose, quoiqu'il ne comptât travailler que pour lui-même : il doit pareillement lui être fait raison de tous les frais et déboursés par lui faits relativement au partage auquel il a été admis par la rétroaction de la loi. (2)

VI.e RÈGLE.

Il convenait d'accorder un allégement à ces enfans obligés de restituer, et c'est l'objet de l'article III de la loi du 15 thermidor an IV, qui

(1) Art. IV de la loi du 3 vendémiaire.

(2) Art. VI *idem.*

porte que les enfans déchus jouiront à titre d'alimens, sur les successions de leurs père et mère, d'une pension égale au revenu du tiers de la portion qu'ils auraient prise s'ils étaient nés dans le mariage. Cet article ajoute que les donations et autres avantages qui leur auront été faits par leurs père et mère, entreront en compensation de ce tiers, les fruits et revenus exceptés.

Cette disposition rentre dans l'ancien droit, et il était naturel que cela fût ainsi, parce que la déchéance a eu pour cause la rectification d'une erreur de législation, et que, s'agissant de successions ouvertes avant le droit nouveau, les enfans nés hors mariage ne pouvaient y prétendre que des alimens, suivant la règle générale qui existait alors.

SECTION IV.

Des preuves nécessaires pour la successibilité des enfans nés hors mariage.

1.° *Quid* pour succéder au père décédé dans dans l'intervale de la publication de la loi du 4 juin 1793, à la publication de celle du 12 brumaire.

2.° *Quid* pour succéder au père décédé depuis la publication de la loi du 12 brumaire.

3.° *Quid* pour succéder à la mère décédée depuis cette époque.

4.° *Quid* à l'égard des successions collatérales.

5.° *Quid* pour les demandes en condamnation d'alimens.

6.° *Quid* des déclarations de grossesse.

§. I.er

Des preuves nécessaires pour succéder au père décédé avant la loi du 12 brumaire.

Cette loi porte, article VIII, que les enfans nés hors mariage, pour être admis à l'exercice des droits qu'elle leur attribue dans la succession de leur père décédé, seront tenus de prouver leur possession d'état; *que cette preuve ne pourra résulter que de la représentation d'écrits publics ou privés du père, ou de la suite de soins donnés à titre de paternité et sans interruption, tant à leur entretien qu'à leur éducation.*

Plusieurs choses sont à remarquer ici.

1.° Il n'est pas nécessaire que l'enfant rapporte un acte de naissance dans lequel celui qu'il prétend être son père soit dénommé; parce que la naissance d'un pareil enfant accusant ses auteurs d'une faute contraire aux bienséances, on cherchait ordinairement à entourer cette faute des ombres du mystère; et que s'il fallait un pareil acte, peu d'enfans naturels pourraient aujourd'hui profiter du bénéfice de la loi.

2.° Il n'est pas nécessaire non plus, et par la même raison, que le prétendu père ait publiquement avoué l'enfant comme sien, en le faisant élever dans sa maison en cette qualité; mais l'attachement que la conscience de la paternité comporte, se décèle par une multitude de circonstances qui, sans avoir les caractères de la publicité, n'en sont pas moins probantes; telles sont les lettres écrites dans le secret de la confiance, soit à la mère, soit à l'enfant lui-même, lorsque ces lettres portent l'empreinte de cet intérêt tendre que la nature a placé dans le cœur des pères, ou qu'il existe d'ailleurs des preuves de soins continus pour l'éducation, soit animale, soit morale de l'enfant

3.° La preuve testimoniale doit même être admise de ce cas, si les écrits émanés du père ne forment pas une preuve suffisante; mais nous croyons qu'il serait dangereux de l'admettre, s'il n'existait pas déjà un commencement de preuve de la paternité ; car il pourrait en résulter qu'un étranger, à la faveur de quelques témoins corrompus, envahirait une succession ou portion d'icelle, au préjudice des véritables héritiers. En un mot, si aux termes de l'ordonnance de 1667, la preuve testimoniale n'est pas admissible en matière d'objets excédant la somme de 100 f., à moins qu'il n'y ait commencement de preuve par écrit ; à plus forte raison doit-il en être de même dans une matière d'un intérêt aussi majeur que celui-ci, soit relativement aux fortunes qu'on envahirait de la sorte, soit relativement à l'ordre social qui se trouverait étrangement compromis par le danger d'admettre ainsi des étrangers dans les familles.

§. II.

Quid *lorsque le père n'est décédé que postérieurement à la publication de la loi du 12 brumaire.*

Une contreverse très-sérieuse s'est élevée sur le genre de preuves dont le réclamant était tenu en pareille circonstance ; mais pour l'intelligence de cette contreverse, il faut présenter l'analyse historique des lois, résolutions et décrets intervenus sur cet objet.

La loi du 12 brumaire avait envisagé, sous trois époques différentes, les successions auxquelles elle appelait les enfans nés hors mariage ; savoir, 1.° les successions ouvertes lors de sa publication ; 2.° celles qui s'ouvriront postérieurement à la publication du code ; 3.° celles qui s'ouvriraient dans l'intervalle du 12 brumaire à cette publication.

A l'égard des successions directes qui se trouvaient ouvertes lors de la loi, nous venons de voir quel genre de preuves les enfans nés hors mariage étaient tenus de faire pour y être admis.

Quant aux successions qui s'ouvriraient

après la publication du code civil, le législateur n'a rien voulu préjuger; il a dit, art. X de la loi du 12 brumaire, que leur état et leurs droits seraient réglés par les dispositions de ce code.

Enfin, quant aux successions qui s'ouvriraient dans l'intervale de la loi du 12 brumaire à la promulgation du code, il est dit, art. XI, *qu'en cas de mort de la mère, la reconnaissance du père, faite devant un officier public, suffira pour constater à son égard l'état de l'enfant né hors mariage, et le rendre habile à lui succéder.* L'article XII ajoute *qu'il en sera de même dans le cas où la mère serait absente, ou dans l'impossibilité de confirmer par son aveu la reconnaissance du père.*

Plusieurs jurisconsultes ont pensé, d'après ces deux articles, qu'en cas de succession paternelle ouverte depuis la publication de cette loi, l'enfant né hors mariage ne pouvait y être admis qu'autant qu'il aurait été reconnu par son père devant un officier public, et que cette reconnaissance aurait été confirmée par l'aveu de la mère si elle était vivante et à portée de le donner.

La différence de ce mode avec celui prescrit

par l'art. VIII de la loi du 12 brumaire, relativement à une succession ouverte à cette époque, paraissait fondée sur de sages motifs. On ne pouvait exiger en effet, dans le cas de cet article, qu'un enfant né hors mariage ne pût succéder à son père qu'autant que celui-ci l'aurait reconnu par-devant un officier public, puisque le père était mort avant la loi qui prescrivait cette formalité. Mais quant au père survivant à cette loi, il était averti par elle de la reconnaissance qu'il avait à faire, s'il voulait rendre son enfant habile à lui succéder; et il y avait lieu de croire que s'il était mort sans l'avoir faite dans la forme prescrite, c'était parce qu'il n'avait pas regardé l'enfant comme sien, ou parce qu'il avait douté de sa paternité.

Un projet de résolution a été présenté au Conseil des Cinq-cents, le 29 pluviose an VI, pour faire adopter cette interprétation; mais il a été combattu par plusieurs membres, comme tendant à faire dépendre de la mauvaise volonté d'un père des droits attribués à son enfant; et comme contraire à l'art. I.er de la loi, qui appelle indistinctement les enfans naturels, et qui s'applique aux successions échues et à écheoir de leurs auteurs, sous la seule exception de celles qui s'ouvriraient après la publication du code. Cet avis a prévalu, et le Conseil a déclaré qu'il n'y avait lieu à délibérer.

Le 26 floréal suivant, il a même pris une résolution portant que les enfans nés hors mariage, dont les père et mère sont morts depuis la publication de la loi du 12 brumaire an II, et ceux dont les père et mère mourront jusqu'à la publication du code civil, ne sont tenus de prouver leur possession d'état que de la manière déterminée par l'article VIII.

Le Conseil des Anciens a rejeté cette résolution. Plusieurs orateurs en ont fait sentir les inconvéniens avec cette honnêteté qui appartient à l'amour de l'ordre, et l'énergie qui le caractérise.

Sans doute on pouvait être moins difficile sur les preuves, et se contenter de présomptions, quand il n'était question, de la part de la justice, que d'assurer des alimens à l'enfant naturel; mais le nouveau droit les ayant rendu habiles à succéder à leur père, il faut au moins que celui qu'on répute tel ait une opinion assez prononcée de sa paternité pour admettre l'enfant de ses plaisirs au rang de ses héritiers légitimes, et qu'il ait énoncé cette opinion dans la forme prescrite par la loi, ainsi qu'il en est averti par elle.

En vain l'enfant naturel chercherait-il à se prévaloir du bien qui lui aurait été fait par son père prétendu, ou de quelques écrits privés propres à faire présumer la paternité; on ne peut leur attacher plus d'importance que leur auteur et la loi d'alors ne leur en attribuait. Un simple soupçon de paternité pouvait suffire pour engager un homme délicat à fournir des alimens aux enfans d'une femme qu'il avait aimée et dont il avait partagé les faiblesses; la loi nouvelle serait rétroactive si elle faisait résulter de ses écrits et de ses bienfaits des engagemens plus étendus, et si elle admettait cet enfant, contre la volonté de son bienfaiteur, à partager le patrimoine des enfans légitimes.

Tels sont, en partie, les motifs qui ont déterminé le Conseil des Anciens à rejeter la résolution du Conseil des Cinq-cents. Ce rejet détermine la véritable interprétation de la loi du 12 brumaire, sur le point que nous traitons ici; et il en résulte que, dans l'état actuel de notre législation, un enfant né hors mariage n'est admis à succéder à son père, décédé depuis cette loi, qu'autant que celui-ci lui aura transmis ce droit par une reconnaissance de sa paternité devant un officier public, confirmée par l'aveu de la mère, si elle est vivante et si elle est à portée de le donner.

§. III.

Des preuves requises pour succéder à la mère.

La loi du 12 brumaire, art. VIII, après avoir déterminé le genre de preuve que devait faire l'enfant né hors mariage pour être admis à la succession de son père alors décédé, ajoute : *La même disposition aura lieu pour la succession de la mère.*

Mais l'article ne dit point si ce genre de preuve s'applique au cas où la mère ne serait décédée que postérieurement à la publication de la loi, comme à celui où elle serait décédée auparavant.

D'après cette espèce de réticence, quelques tribunaux ont été embarrassés sur la question de savoir s'il fallait pour la preuve de la maternité, dans le cas où la mère aurait survécu à la loi du 12 brumaire, une reconnaissance faite par elle devant un officier public, comme il en faut une, suivant l'article XI, pour la preuve de la paternité ; ou si la maternité ne pouvait pas être établie, même vis-à-vis de la mère vivante, par la preuve testimoniale de soins donnés à titre de maternité.

La solution de cette question se trouve dans la différence qui existe entre la paternité et la maternité.

La maternité a des signes certains ; elle s'annonce par la grossesse, elle s'établit par l'accouchement. Les soins donnés par la mère à l'enfant qu'elle a mis au jour, forment une continuité de preuves, parce qu'ils sont dans l'ordre de l'affection que la maternité comporte.

La paternité, au contraire, est un secret de la nature ; le vrai père ne peut même avoir, à cet égard, qu'une opinion fondée sur la moralité de la femme avec laquelle il a vécu.

De là le principe sagement établi par la législation nouvelle, qu'un homme ne peut être recherché par un enfant né hors mariage pour cause de paternité non avouée ; de là la règle posée par l'article XI de la loi du 12 brumaire, d'après laquelle la reconnaissance du père de-

vant

vant un officier public, que tel enfant est né de lui, peut seule rendre cet enfant habile à lui succéder ; encore la loi veut-elle que la reconnaissance du père soit confirmée par l'aveu de la mère, parce qu'il ne serait pas impossible que l'opinion du prétendu père ne fût qu'une erreur, et parce que par la nature des choses, la femme peut avoir dans ce cas des données beaucoup plus certaines.

Il résulte de ces différences que la règle établie pour la paternité n'est point applicable à la maternité.

La paternité, en cas de déni, n'est pas susceptible d'être prouvée ; donc, elle ne peut résulter que de la reconnaissance du père dans la forme établie par la loi.

La maternité, en cas de déni, peut être prouvée ; donc, la preuve en est admissible, tant par écrit que par témoins, contre la prétendue mère elle-même ; car le législateur n'a point entendu faire dépendre dans ce cas la la successibilité de l'enfant d'un désaveu souvent commandé par des circonstances impérieuses, par des raisons de bienséances, par cette sorte de honte qui, dans le sexe féminin sur-tout, se plaît à répandre un voile sur la faiblesse.

§. IV.

Des preuves requises pour succéder aux collatéraux.

Il faut ici distinguer les parens de l'enfant naturel du côté de son père, d'avec les parens du côté de sa mère. Quant aux premiers, comme c'est du chef seul de son père qu'il peut réclamer, il ne doit être admis à succéder qu'autant qu'il justifierait avoir été reconnu par lui dans un acte reçu par un officier public, si ce père est mort après la loi du 12 brumaire qui prescrit cette formalité, art. XI; ou qu'autant qu'il prouverait sa filiation de la manière prescrite par l'article VIII, si ce père est mort avant la loi; car l'enfant né hors mariage, pour succéder par représentation de son père, doit être tenu des mêmes preuves que pour succéder à son père.

S'il s'agit d'une succession collatérale du côté de sa mère décédée, comme il vient alors par représentation de cette dernière, et qu'il ne peut la représenter qu'autant qu'il y aurait preuve de sa maternité, dans ce cas il doit être admis à cette preuve de la manière exprimée ci-dessus, s'il ne l'avait pas déjà acquise du vivant de la mère.

§. V.

De la preuve nécessaire pour obtenir des alimens.

La demande en alimens, de la part de l'enfant né hors mariage, ne peut avoir lieu, dans le droit nouveau, contre le prétendu père qui aurait refusé de le reconnaître devant un officier public, puisque la recherche de la paternité non avouée n'est plus admise; mais si le prétendu père avait une fois reconnu l'enfant dans cette forme, et qu'il lui refusât les alimens nécessaires, la justice le contraindrait à les lui fournir.

Quant à la mère, quand bien même elle dénierait la maternité, l'enfant auquel elle refuserait des alimens, peut être admis à faire preuve de cette maternité contre elle-même, ainsi qu'on l'a établi plus haut.

Mais pour que cette preuve soit admissible,

il faut que les faits soient concluans, suivant la maxime *frustrà probatur quod non relevat.*

Ainsi par exemple, si l'enfant méconnu établissait que celle qu'il appelle sa mère était grosse en tel temps, qu'elle est accouchée à telle époque, que cette époque coïncide avec celle de la naissance de l'enfant, justifiée par l'acte qu'il représenterait; si d'ailleurs il était dans le cas de prouver qu'elle l'a allaité ou a payé les mois de nourrice, devoirs prescrits par la nature; point de doute qu'il ne pût la contraindre à lui fournir des alimens, et que cette preuve ne le rendît habile à lui succéder.

§. V I.

Des déclarations de grossesse.

Il fut un temps où la fécondité d'une femme non mariée emportait avec elle une espèce d'infamie : alors on vit des filles, trop faibles pour résister au penchant de la nature, devenir coupables envers elle d'un grand crime, en détruisant l'être conçu dans leur sein. Henri II crut pouvoir prévenir de pareils attentats, en ordonnant, par son édit de 1556, que toute fille qui n'aurait déclaré ni sa gro -

sesse ni son accouchement, et qui se trouverait hors d'état de représenter son enfant, serait présumée par ce seul fait en être l'homicide, et comme telle condamnée à la mort. Ainsi s'établit l'usage des déclarations de grossesse. Par cette déclaration, une fille ne manquait pas de nommer celui qu'elle prétendait être l'auteur de sa fécondité, soit pour le forcer à une indemnité relative aux frais de couches, soit pour le faire condamner à se charger de l'enfant auquel elle allait donner le jour.

Cet usage n'est point admissible dans le droit nouveau, 1.° parce que le fanatisme, qui regardait comme un crime une grossesse non autorisée par le mariage, ne subsiste plus aujourd'hui, et que si la maternité anticipée est contraire à la pureté de la morale, cette faute doit être oubliée lorsque celle qui l'a commise répare sa faiblesse par les vertus d'une mère et par sa tendresse et ses soins envers son enfant.

2.° Parce que ce serait en vain qu'une fille voudrait aujourd'hui se prévaloir d'une pareille déclaration contre celui qu'elle aurait nommée le père de son enfant, n'y ayant plus lieu à aucune recherche pour cause de paternité non avouée. Si, dans ce nouveau systême, la mère ne peut obtenir qu'un secours purement volontaire, soit pour elle, soit pour son enfant, c'est une raison de plus pour mettre le sexe en garde contre la séduction, et pour rendre les fautes de ce genre beaucoup moins fréquentes.

SECTION V.

Des enfans adultérins.

1.° Ce qu'il faut entendre par enfans adultérins.

2.° Quel est le traitement que la nouvelle loi leur accorde.

3.° Des enfans nés d'un père ou d'une mère séparés de corps.

4.° Les enfans adultérins ont-ils droit aux successions de leurs collatéraux?

5.° Des preuves de la filiation adultérine.

§. I.er

Ce qu'il faut entendre par enfant adultérin.

L'enfant adultérin est celui qui n'est pas le fruit de l'union de deux personnes libres, soit que chacune d'elles ou l'une des deux seulement eût un engagement qui les eût empêché de se marier ensemble à l'époque à laquelle l'enfant aurait été conçu. Il résulte de là que l'état du bâtard adultérin est beaucoup plus défavorable que celui de l'enfant naturel né de personnes libres. Celui-ci, en effet, peut être légitimé par un subséquent mariage, puisque ses père et mère pouvaient se marier lorsqu'ils ont commencé à vivre ensemble, et que les père et mère de l'enfant conçu dans l'adultère ne le pouvaient pas.

Il ne faut pas regarder d'une manière moins défavorable les enfans nés de personnes réunies par un genre de lien qui excluait celui du mariage.

L'article II, titre IV de la loi du 20 septembre 1792, sur l'état civil, prohibe *le mariage entre parens naturels et légitimes en ligne directe, entre les alliés de cette ligne et le frère et la sœur.*

Cette disposition est infiniment sage. Le mariage d'un fils avec sa mère a été prohibé chez toutes les nations, parce qu'il confond leur état naturel, et que le fils devant du respect à sa mère par la loi de nature, il ne pourrait en exiger d'elle par la loi du mariage. L'union conjugale entre le père et la fille fut également proscrite chez la plupart des peuples, en ce que la nature bien ordonnée ne met dans le cœur d'un père qu'une amitié sévère pour sa fille, et qu'il ne doit en attendre qu'un attachement respectueux.

Ces mêmes motifs existant entre les alliés dans la ligne directe, il y aurait plus que de l'indécence à un beau-père, devenu veuf, d'épouser la fille d'un premier lit de sa femme, ou la femme de son propre fils après la mort de ce dernier.

Enfin les Romains, pour écarter du mariage tout ce qui pouvait en profaner les approches, avaient également pensé que cet engagement devait être prohibé entre enfans de différens sexes, issus des mêmes auteurs, élevés dans la même maison; parce qu'avant de se marier il est dans l'ordre des choses de s'aimer et de se le dire, et que la facilité qu'ils auraient à cet égard, sous prétexte qu'ils pourraient par la suite légitimer leur goût, n'existerait pas sans le danger d'une corruption prématurée.

Concluons donc que les enfans qui seraient nés ou naîtraient de ces unions scandaleuses et prohibées ne doivent pas, quoique la loi du 12 brumaire soit muette à leur égard, jouir d'un sort plus avantageux que celui des bâtards adultérins, et qu'ils pourraient même, sans injustice, être traités avec plus de rigueur.

§. II.

Traitement que la loi fait aux enfans adultérins.

La loi du 12 brumaire, après avoir statué que les droits de successibilité des enfans nés hors mariage seraient les mêmes que ceux des autres enfans, dit, art. XIII : *Sont exceptés ceux de ces enfans dont le père ou la mère était, lors de leur naissance, engagé dans les liens du mariage ; il leur sera seulement accordé le tiers en propriété de la portion à laquelle ils auraient droit s'ils étaient nés dans le mariage.*

Mais n'est-ce pas trop faire en faveur de pareils enfans, que de leur accorder en toute propriété le tiers d'une portion héréditaire ?

Nous avons, dans la première section, fait remarquer l'inconvenance d'un traitement égal entre les enfans naturels et les enfans légitimes ; cette inconvenance était même déjà annoncée dans le projet du code civil rédigé par le citoyen Cambacerès.

Nous avons dit que c'était assez faire pour eux que de leur donner la moitié d'une succession dans laquelle il n'y avait pas d'héritiers légitimes en ligne directe, et le tiers d'une portion héréditaire en toute propriété s'il en existait.

Quant à l'enfant adultérin, puisque la loi du 12 brumaire, quelque favorable qu'elle lui soit, le place au-dessous de l'enfant né de personnes libres, nous croyons qu'en observant les mêmes différences, il suffirait de lui accorder la moitié en usufruit de la succession de ses père et mère, s'il n'existait pas d'autres enfans, et le tiers en usufruit d'une portion héréditaire, s'il en existait.

§. III.

Quid *des enfans nés d'un père ou d'une mère mariés, mais séparés de corps et de biens.*

L'article XIV de la loi du 12 brumaire traite ceux-ci plus favorablement que les autres; il porte que *s'il s'agit de la succession de personnes séparées de corps par jugement ou actes authentiques, les enfans nés hors du mariage exerceront tous les droits de successibilité énoncés dans l'article I.er, pourvu que leur naissance soit postérieure à la demande en séparation.*

Nous ne pensons pas que cette disposition soit conservée lors de la discussion du code civil. A la bonne heure, que des époux malheureux l'un par l'autre aient été, dans l'ancien régime, obligés de recourir à une séparation de corps; qu'ils aient depuis, chacun de leur côté, formé des liaisons nouvelles conformes à leur goût, et que de ces liaisons passagères il soit résulté de nouveaux êtres; la cause de leur naissance n'aura pas tout-à-fait l'odieux de l'adultère, quoique le lien de droit subsistât; mais elle n'aura pas non plus la faveur d'une union formée par des personnes libres.

Et remarquons encore que l'article cité n'exige autre chose, pour admettre ces enfans à succéder sans restriction, sinon qu'ils soient nés postérieurement à la demande en séparation d'habitation.

Mais il y a ici probablement erreur dans la rédaction. Ce n'est pas par l'époque de la naissance de l'enfant que se décide la question de savoir s'il est bâtard adultérin ou simple bâtard, ou légitime; s'il en était ainsi, le le premier enfant qu'une femme mariée met au jour aurait droit aux honneurs de la légitimité; ce qui n'a pas lieu cependant quand celui qui l'a rendu grosse était alors marié, et qu'étant devenu veuf plusieurs mois après, il a épousé cette concubine avant ses couches.

C'est donc au temps où l'enfant a été conçu qu'il faut remonter pour savoir quelle qualification lui convient; et dans le cas de l'article ci-dessus, si le législateur voulait regarder comme libres des époux séparés de corps sous l'ancien régime, et donner aux enfans qu'ils auraient eu avec d'autres, depuis cette séparation, le droit de successibilité sans réserve, il aurait fallu dire, *pourvu qu'ils eussent été conçus postérieurement à la demande en séparation*, et non pas, *pourvu qu'ils fussent nés postérieurement à la demande en séparation*; car s'ils avaient été conçus antérieurement à cette demande, ils seraient adultérins, même dans l'hypothèse où cette demande serait regardée comme équivalente à la dissolution du lien conjugal.

§. IV.

Les enfans adultérins ont-ils droit aux successions collatérales?

Il ne paraît pas qu'il ait été dans l'intention de la loi du 12 brumaire de les admettre à ces successions. Elle exclut en effet, art. XIII, comme on l'a vu plus haut, les enfans adultérins des prérogatives qu'elle a accordées aux enfans nés de personnes libres par les articles précédens, et notamment par l'art. IX qui établit une successibilité réciproque entre eux et leurs parens.

Ajoutons que si, par cet article XIII, le législateur a accordé à l'enfant adultérin une portion dans la succession de ses père et mère, ce n'est qu'à titre d'alimens. Or, l'action pour alimens n'a lieu qu'en ligne directe, des enfans au père et du père aux enfans, et non en ligne collatérale; donc, les enfans adultérins ne peuvent réclamer des alimens sur les successions de leurs collatéraux décédés.

§. V.

Des preuves de la filiation adulterine.

Pour que l'adultérin puisse obtenir des alimens, il faut qu'il établisse son origine, si elle lui est contestée. Il est évident que cette recherche ne peut avoir lieu, dans le droit nouveau, de la part d'un simple enfant naturel vis-à-vis du père, s'il dénie la paternité, à plus forte raison ne peut-elle avoir lieu de la part de l'enfant adultérin. Ainsi ce dernier ne pourra jamais forcer son prétendu père à d'autres secours que ceux qu'il voudra bien lui accorder, sans être par lui tenu d'avouer la cause et le principe de ses bienfaits.

Quant à la mère, nous avons fait voir que la preuve de la filiation était admissible contre elle en faveur du simple enfant naturel; elle doit l'être pareillement en faveur de l'enfant adultérin, quoique celui-ci ne puisse prétendre à un traitement aussi avantageux.

Mais enfin la loi ne doit pas le priver de tout secours, puisque le vice de sa naissance n'est pas un tort qui lui soit personnel. Si elle use de rigueur envers lui, ce n'est que pour punir ses père et mère dans l'affection qu'ils sont présumés lui porter : et dans une matière aussi délicate, la sagesse du législateur consiste à concilier les devoirs de l'humanité avec les égards dûs à l'honnêteté publique.

SECTION VI.

Des enfans naturels sous le rapport des droits de citoyen.

1.° Opinion de Montesquieu.
2.° Lois d'Athènes sur cette matière.
3.° Droit romain sous Justinien.
4.° Décretalles des papes.
5.° Droit français avant la révolution.
6.° Droit résultant des dernières lois.

§. I.er

Opinion de Montesquieu.

Il part de cette grande maxime, que la vertu est le principal ressort du gouvernement républicain, parce que le despotisme n'y ayant point d'influence sur les actions humaines, les citoyens abuseraient trop aisément de leur liberté, s'ils n'étaient contenus par des principes de vertu et par l'amour du bien public.

Les institutions anciennes, a-t-il dit, mettant les citoyens dans la nécessité de se marier, les mariages étant d'ailleurs adoucis par la permission de faire divorce ou de répudier, il n'y avait qu'une grande corruption de mœurs qui pût porter au concubinage.

Dans les républiques, où il est nécessaire que les mœurs soient pures, les bâtards doivent être plus flétris que dans les monarchies. (1)

§. II.

Législation d'Athènes.

A Athènes, les bâtards n'ayant pas les droits de famille, étaient nécessairement privés par cela même des droits de citoyen; ils furent en conséquence regardés comme étrangers, et, à ce titre, exclus de toutes fonctions publiques, soit civiles, soit sacrées, *notho cognationis jus nullum esto, ne quidem in iis quæ sive sacra, sive publica spectant.* (2)

§. III.

Droit romain sous Justinien.

Les romains, qui profitèrent beaucoup de la législation athénienne, ne s'y conformèrent

(1) De l'Esprit des Lois, tom. II, pag. 2.

(2) Version du texte grec.

point en cette partie; ils adoptèrent cette maxime dictée par l'humanité : Qu'il faut avoir pitié de ceux qui sont malheureux par la faute d'autrui, *alienorum vitio laborantes non indigui sunt misericordia.* (1)

Ils pensèrent que les talens et les vertus, dans la personne d'un enfant naturel ou même incestueux, devaient être utilement employés pour la société; néanmoins, si toutes choses choses égales d'ailleurs, il avait pour concurrent un citoyen issu d'une union légale, la loi voulait que la préférence fût accordée à ce dernier, *sed si habeat competitorem legitime quæsitum præferri eum aportere.* (2)

§. IV.

Décretales des papes.

Nous ne nous arrêterons pas à la manière dont les bâtards furent traités par le droit canonique : ils étaient, aux yeux des chefs de la religion, les fruits d'une union criminelle; en conséquence, ils furent déclarés incapables

(1) Loi 7 au code *de natur liber.*

(2) Loi 3, §. II, au digeste *de decurionibus.*

d'aspirer aux honneurs et dignités ecclésiastiques, à moins que le pape ne jugeât à propos de les relever de cette incapacité par une dispense particulière. (1)

§. V.

Droit français avant la révolution.

Maintenant, si nous examinons l'état des bâtards en France avant la révolution, nous ne trouverons pas de loi qui les aient exclus des magistratures, bénéfices ecclésiastiques et autres fonctions publiques; il semble cependant qu'il s'est formé un préjugé, ou plutôt une sorte de jurisprudence qu'on peut envisager comme un moyen terme entre la condescendance du droit romain et la rigueur du droit canonique. Lebret, dans son *Traité de la Souveraineté*, liv. II, chap. XII; Chopin, dans celui du *Domaine*, tit. I.er, n. 12, regardaient en effet les enfans naturels nés de personnes libres comme incapables de posséder des offices avant leur légitimation; mais cette légitimation pouvait être faite de deux manières, ou par

(1) Chap. I.er *de filiis presbyterorum ordinandis vel non.*

mariage subséquent de leurs père et mère, ou par lettres du prince.

Ils jouirent pareillement en France de la faculté de disposer de leur bien par testament; faculté qui supposait dans leur personne l'exercice des droits civils.

Cependant quelques coutumes apposèrent des restrictions à cette prérogative. La coutume de Bretagne, art. 480, en exclut entièrement le bâtard qui n'était pas né de personnes libres; celle d'Anjou, art. 345, celle du Maine. art. 355, ne permirent aux enfans naturels de disposer que de leurs meubles, et de la tierce partie de leurs immeubles, s'ils en avaient; dans le cas où ils n'en avaient point, il leur était seulement permis de disposer de la moitié de leur mobilier; le surplus appartenait au fisc,

§. VI.

Droit résultant des dernières lois.

Il ne faut pas douter, quoique ces lois soient muettes à cet égard, qu'il n'ait été dans leur intention d'attribuer à l'enfant naturel la plénitude des droits de citoyen, c'est-à-dire de tous les droits politiques et civils que le citoyen français est dans le cas d'exercer en vertu de la charte constitutionnelle.

Mais si, comme il est présumable, les lois actuelles sur la successibilité des enfans naturels éprouvent quelque modification lors de la discussion du code, il y a pareillement lieu de présumer que ces modifications s'étendront à leur existence politique ; de manière que les enfans nés hors mariage, quoique compris dans la classe des citoyens, ne jouiront pas néanmoins de prérogatives aussi étendues que les enfans du mariage.

Ainsi, par exemple, le fils naturel sera admis aux assemblées primaires pour y exercer ses droits politiques comme les autres citoyens ; il sera éligible comme eux : mais s'il se trouvait avoir pour concurrent, avec égalité de suffrages, un enfant légitime, ne conviendrait-il pas que celui-ci lui fût préféré, comme il l'était chez les romains ?

Sans doute l'enfant naturel jouira de la faculté de tester dans les bornes prescrites par la loi ; mais ne pourrait-on pas y apposer cette condition, que sur les legs par lui faits, il sera déduit une portion quelconque au profit de l'hospice le plus voisin, servant de retraite à ces enfans méconnus et abandonnés, de l'infortune desquels il était menacé par le vice de sa naissance? De pareilles mesures laissent des impressions favorables au mariage, ainsi qu'à la morale publique; elles font regretter les fautes ou empêchent de les commettre.

Quant à la carrière des armes ouverte aux enfans naturels comme aux autres citoyens, l'avancement dans ce genre est le prix du courage et des grandes actions; on ne demande point compte du principe de son existence à celui qui l'expose chaque jour pour la défense et pour la gloire de sa patrie.

LOIS

CONCERNANT

LES DROITS SUCCESSIFS

DES

ENFANS NÉS HORS MARIAGE.

DÉCRET

PORTANT que les enfans nés hors le mariage succéderont à leur père et mère.

Du 4 juin 1793, an II. (N.° 961.)

LA Convention nationale, après avoir entendu le rapport de son comité de législation, décrète que les enfans nés hors le mariage succéderont à leurs père et mère dans la forme qui sera déterminée. Ordonne l'impression du rapport et projet de décret, et ajourne la discussion jusqu'à ce qu'elle ait entendu son comité de législation, tant sur le mode d'adoption que sur les successions en général, ce comité demeurant chargé de présenter ce travail sous le plus prochain délai.

DÉCRET

Relatif aux droits des enfans nés hors du mariage.

Du 2.e jour du 2.e mois de l'an second. (N.° 1830)

La Convention nationale, après avoir entendu le rapport de son comité de législation, décrète ce qui suit :

Article premier.

Les enfans actuellement existans, nés hors du mariage, seront admis aux successions de leurs père et mère, ouvertes depuis le 14 juillet 1789.

Ils le seront également à celles qui s'ouvriront à l'avenir, sous la réserve portée par l'article X ci-après.

II.

Leurs droits de successibilité sont les mêmes que ceux des autres enfans.

III.

III.

Ils ne pourront néanmoins déranger de leur chef les partages faits ; mais ils prendront leur portion sur les lots existans.

IV.

Si le père ou la mère de l'enfant né hors du mariage, a transmis ses biens, en tout ou en partie, soit *ab intestat*, soit par disposition, à des parens collatéraux ou à des étrangers, ceux-ci, lors de la remise qu'ils feront à l'enfant né hors mariage, pourront retenir le sixième de ce qui leur est échu, ou de ce qui leur a été donné.

V.

Dans tous les cas, les enfans nés hors du mariage seront tenus de recevoir les biens en l'état où ils se trouveront à compter de ce jour, et de s'en rapporter sur la consistance de ces biens à l'inventaire qui en aura été dressé à la mort de leur père ou mère.

VI.

Les héritiers directs ou collatéraux qui ne pourront pas représenter en nature les effets et biens compris dans l'inventaire, feront état aux enfans nés hors du mariage, du prix qu'ils en ont tiré, ou de leur valeur au temps de la mort de leur père ou mère.

De leur côté, les enfans nés hors du mariage feront état aux héritiers directs ou collatéraux, des impenses utiles ou nécessaires que ceux-ci ont faites dans les biens, et ils rapporteront aux héritiers directs ce qui leur a été donné par leur père ou mère, les fruits et revenus exceptés.

VII.

Les enfans nés hors du mariage ne pourront exiger la restitution des fruits perçus, ni préjudicier aux droits acquis, soit à des tiers possesseurs, soit à des créanciers hypothécaires, ou autres ayant titre authentique, avant le premier brumaire courant.

VIII.

Pour être admis à l'exercice des droits ci-dessus, dans la succession de leur père décédé, les enfans nés hors du mariage seront tenus de prouver leur possession d'état. Cette preuve ne pourra résulter que de la représentation d'écrits publics ou privés du père, ou de la suite de soins donnés, à titre de parternité et sans interruption, tant à leur entretien qu'à leur éducation.

La même disposition aura lieu pour la succession de la mère.

I X.

Les enfans nés hors du mariage, dont la filiation sera prouvée de la manière qui vient d'être déterminée, ne pourront prétendre aucun droit dans les successions de leurs parens collatéraux, ouvertes depuis le 14 juillet 1789.

Mais à compter de ce jour, il y aura successibilité réciproque entre eux et leurs parens collatéraux, à défaut d'héritiers directs.

X.

A l'égard des enfans nés hors du mariage, dont le père et la mère seront encore existans lors de la promulgation du code civil, leur état et leurs droits seront en tous points réglés par les dispositions du code.

X I.

Néanmoins, en cas de mort de la mère avant la publication du code, la reconnaissance du père, faite devant un officier public, suffira pour constater à son égard l'état de l'enfant né hors du mariage et le rendre habile à lui succéder.

X I I.

Il en sera de même dans le cas où la mère serait absente, ou dans l'impossibilité absolue de confirmer par son aveu la reconnaissance du père.

X I I I.

Sont exceptés ceux de ces enfans dont le père ou la mère était, lors de leur naissance, engagé dans les liens du mariage.

Il leur sera accordé, à titre d'alimens, le tiers en propriété de la portion à laquelle ils auraient droit s'ils étaient nés dans le mariage.

X I V.

Néanmoins, s'il s'agit de la succession de personnes séparées de corps par jugement ou acte authentique, leurs enfans nés hors du mariage exerceront tous les droits de successibilité énoncés dans l'article premier, pourvu que leur naissance soit postérieure à la demande en séparation.

X V.

A l'égard des enfans nés hors du mariage, qui sont en instance avec des héritiers directs ou collatéraux, pour la succession de leur père ou de leur mère, ouverte avant le 14 juillet 1789, et dont les réclamations n'auraient pas été terminées par jugement en dernier ressort, il leur sera accordé le tiers de la portion qu'ils auraient eue, s'ils étaient nés dans le mariage.

X V I.

Les enfans et descendans d'enfans nés hors du

mariage, représenteront leurs père et mère dans l'exercice des droits que la présente loi leur attribue.

XVII.

Tous procès actuellement existans entre des enfans nés hors du mariage et les héritiers directs ou collatéraux de leur père ou leur mère, sont et demeurent anéantis.

XVIII.

Des arbitres choisis par les parties, ou à leur refus, par le juge de paix du lieu de l'ouverture de la succession, termineront toutes les contestations qui pourront s'élever sur l'exécution de la présente loi, notamment dans le cas où il n'aurait pas été fait inventaire à la mort du père ou de la mère des enfans nés hors du mariage.

En aucun cas, les jugemens de ces arbitres ne seront sujets à l'appel.

XIX.

La Convention nationale déclare communs aux enfans nés hors du mariage, dont la filiation sera prouvée de la manière déterminée par l'article VIII, les secours décrétés en faveur des enfans des défenseurs de la patrie.

LOI

Qui attribue aux tribunaux de district la connaissance de toutes les contestations qui s'élèveront sur l'état civil des enfans nés hors mariage, et des procès existant sur des questions d'état.

(N.° 250. *) Du 25 Nivose an III. (B. 112.)

La Convention nationale, après avoir entendu le rapport de son comité de législation, décrète :

Article premier.

Toutes les contestations qui pourront s'élever sur l'état civil privé des enfans nés hors mariage, seront jugées par les tribunaux de district.

II.

Les tribunaux de district seront pareillement autorisés à connaître des procès actuellement existans sur les questions d'état, quand même il aurait été nommé des arbitres, conformément à l'article XVIII de la loi du 12 brumaire, an deuxième.

III.

Les jugemens rendus jusqu'à ce jour sur des questions d'état, soit par des tribunaux, soit par des arbitres, et qui ne seraient attaqués que par voie d'incompétence, sont maintenus.

IV.

Toutes les dispositions de la loi du 12 brumaire, qui seraient contraires au présent décret, sont rapportées.

LOI

Qui suspend l'exécution de l'art. XIII de celle du 3 Vendémiaire, relatif aux enfans nés hors mariage.

(N.° 615.*) Du 26 Vendémiaire an IV. (B. 197.)

La Convention nationale décrète que l'exécution de l'article XIII de la loi du 3 de ce mois, relatif aux enfans nés hors le mariage, demeure suspendue; et renvoie à son comité de législation, pour en faire un rapport sous trois jours, la proposition faite d'examiner s'il y a lieu à rapporter la loi du 12 brumaire an II.

L'insertion du présent décret au bulletin de correspondance tiendra lieu de publication.

LOI

Relative à l'abolition de l'effet rétroactif des lois des 5 et 12 Brumaire, et du 17 Nivose an II, concernant les successions, dons. etc.

Du 3 Vendémiaire an IV.

Article premier.

Les droits acquis de bonne foi, soit à des tiers possesseurs, soit à des créanciers hypothécaires ou autres ayant une date certaine, postérieure à la promulgation desdites lois du 5 brumaire et du 17 nivose an deuxième, mais antérieure à la promulgation de la loi du 5 floréal dernier, sur les biens compris dans les dispositions rapportées par la loi du 9 fructidor dernier, leur sont conservés, sauf le recours des héritiers rétablis vers les personnes dechues.

Mais toutes aliénations, hypothèques et disposition desdits biens à titres onéreux ou gratuits, postérieures à la promulgation de ladite loi du 5 floréal dernier, sont nulles.

I I.

Dans les nouveaux partages, liquidations,

rapports et restitutions qui auront lieu en exécution de la présente loi, il ne sera point fait raison des fruits ou intérêts perçus avant la publication de ladite loi du 5 floréal, sauf les exceptions ci-après.

III. Les personnes rappelées et rétablies dans leur droit par la présente loi, seront tenues de recevoir les biens en l'état où ils se trouveront, sauf l'action pour abattis de bois-futaie.

IV.

Ceux qui sont obligés de restituer en vertu de la présente loi, et qui auront cessé de posséder avant le 5 floréal dernier, les biens ou effets sujets à restitution, tiendront compte du prix qu'ils en auront tiré, s'ils les ont aliénés à titre onéreux, ou de leur valeur au temps où ils ont recueilli, s'ils sont autrement sortis de leurs mains, sauf aux personnes rétablies à exercer toutes actions nécessaires qui appartenaient à ceux qui ont aliéné à titre onéreux ou gratuit.

V.

Les partages faits entre la République et les personnes déchues qui étaient ci-devant religieux ou religieuses, ou qui n'avaient que des portions légitimaires ou des dots à réclamer, sont maintenus, sauf l'exécution de l'article VII de la loi du 17 nivose.

Sont maintenus également les partages entre les héritiers des ci-devant religieux ou religieuses qui n'ont recueilli, en vertu des lois des 5 brumaire et 17 nivose, que des portions légitimaires.

VI.

Les co-partageans déchus seront préalablement remboursés de toutes dépenses qui auront augmenté ou conservé la valeur des fonds, et de toutes charges par eux légitimement acquittées; autres que les charges affectées à la simple jouissance, comme aussi de tous frais et déboursés relatifs aux partages et autres actes annullés par la présente loi.

VII.

Les co-partageans déchus pourront donner en paiement des restitutions auxquelles ils sont tenus par l'effet de la présente loi, soit le prix même des objets qu'ils avaient légitimement aliénés, soit les contrats et créances qu'ils justifieront résulter du placement des deniers provenant des partages annullés, sans garantie de la solvabilité des débiteurs.

VIII.

Les personnes déchues par la présente loi auront la faculté de retenir en biens héréditaires et proportionnellement sur chaque espèce de biens le montant des portions légitimaires et supplémentaires, et des autres droits qui leur appartiennent. Les paiemens qui pourront leur avoir été faits *à-compte* en argent ou assignats, ou de telle autre manière que ce puisse être, soit avant ou après l'ouverture de la succession, ne pourront les priver de cette faculté dont elles jouiront dans tous les cas, à la charge de rapporter dans la masse ce qu'elles ont reçu dans les mêmes espèces, ou la valeur réelle et effective en assignats au cours.

La disposition du présent article s'applique pareillement aux légitimaires dont les droits ont été ouverts, soit avant le 14 juillet 1789, soit depuis le 5 floréal dernier.

I X.

Toutes dispositions des lois rendues en interprétation des dispositions rétroactives abrogées par la loi du 9 fructidor dernier, sont rapportées quant à l'effet rétroactif.

La loi du 5 floréal, qui suspend toute poursuite en vertu de la loi du 17 nivose, est abrogée, sans qu'on puisse l'opposer pour moyen de nullité contre les procédures contradictoires faites depuis la publication de la loi du 9 fructidor pour l'exécution de cette loi.

X.

Toutes contestations qui pourront s'élever sur l'exécution de la présente loi, seront jugées selon les règles générales de l'ordre judiciaire. Les articles LIV, LV et LVI de la loi du 17 nivose, sont abrogés.

X I.

Tous procès existans, même ceux pendant au tribunal de cassation, tous arrêts de deniers, toutes saisies ou oppositions, tous jugemens intervenus, partages ou autres actes et clauses qui ont leur fondement dans les dispositions des lois du 5 brumaire et du 17 nivose an II, ou dans les dispositions des lois subséquentes rendues en interprétation, sont abolis et annullés.

Les amendes consignées, même pour les procès jugés, seront restituées.

X I I.

En conséquence de la loi du 9 fructidor dernier et des articles ci dessus, ladite loi du 5 brumaire, celle du 17 nivose, en ce qui n'y est point dérogé; celle du 7 mars 1793, sur les dispositions en ligne directe, et toutes lois antérieures non-abrogées, relatives aux divers modes de transmission des biens, auront leur exécution, chacune à compter du jour de sa publication.

X I I I.

XIII.

La loi du 12 brumaire an II, concernant le droit de succéder des enfans nés hors mariage, n'aura d'effet qu'à compter du jour de sa publication.

Les règles d'exécution du présent article seront les mêmes que celles établies ci-dessus relativement à l'abolition de l'effet rétroactif desdites lois du 5 brumaire et du 17 nivose.

LOI

Concernant les droits successifs des enfans nés hors le mariage.

(N.° 240.) Du 15 Thermidor an IV. (B. 63.)

Du 26 Prairial. — Le Conseil des Cinq-cents, après avoir entendu trois lectures, les 25 ventose, 11 germinal et 6 floréal derniers, d'un projet de résolution relatif à l'effet rétroactif de la loi du 12 brumaire, concernant les enfans nés hors le mariage, et déclaré qu'il n'y a pas lieu à l'ajournement,

Prend la résolution suivante :

ARTICLE PREMIER.

Le droit de succéder à leurs père et mère accordé aux enfans nés hors le mariage, par la loi du 4 juin 1793, n'aura d'effet que sur les successions échues postérieurement à la publication de ladite loi.

L'effet rétroactif attribué à ce droit par la première disposition de l'article premier de la loi du 12 brumaire an II, est aboli.

L'article XIII de la loi du 3 vendémiaire dernier, et la loi du 26 du même mois, en ce qui concerne l'exercice de ce même droit, sont abrogés, sans qu'ils puissent être opposés comme moyens de nullité contre les procédures exercées pour l'exécution de la loi du 4 juin 1793.

II.

Les règles d'exécution de l'article ci-dessus seront les mêmes que celles établies par les articles I, II, III, IV, VI, VII, IX, X, XI et XII de la loi du 3 vendémiaire dernier, relativement à l'abolition de l'effet rétroactif de la loi du 17 nivose, en substituant seulement la date du 3 vendémiaire à celle du 5 floréal qui se rencontre dans ces articles.

III.

Les enfans déchus par l'effet de la présente résolution, jouiront, à titre d'aliment, sur les successions de leurs père et mère, d'une pension égale au revenu du tiers de la portion qu'ils y auraient prise s'ils y étaient nés dans le mariage.

Les donations et autres avantages qui leur auraient été faits par leurs père et mère, entreront en compensation de cette pension, les fruits et revenus exceptés.

I V.

Le droit de successibilité réciproque entre les enfans nés hors le mariage et leurs parens collatéraux, et celui donné à ces enfans et à leurs descendans de représenter leurs père et mère, n'auront d'effet que par le décès de ces derniers, postérieur à la publication de la loi du 4 juin 1793, et seulement sur les successions ouvertes depuis la publication de celle du 12 brumaire.

V.

La présente résolution sera imprimée.

ARRÊTÉ

DU DIRECTOIRE EXÉCUTIF,

CONCERNANT un référé sur une question relative aux droits successifs des enfans nés hors du mariage, et dont le père est décédé depuis la promulgation de la loi du 12 Brumaire an II.

Du 12 Ventose an V.

Le Directoire exécutif, vu le jugement du tribunal civil du département de Saône-et-Loire, du 22 nivose an V, qui, avant de statuer sur la question de savoir si « l'enfant né hors du mariage, dont le père est décédé depuis la promulgation de la loi du 12 brumaire an II, » doit, pour avoir droit à la succession, avoir été » par lui reconnu par-devant l'officier public, » ou s'il lui suffit de représenter des actes privés » et d'offrir la preuve des soins qui lui ont été » donnés à titre de paternité », ordonne qu'il en sera référé au Corps législatif par l'intermédiaire du ministre de la justice ;

Ouï le ministre de la justice, qui a dit :

« CITOYENS DIRECTEURS,

» La question proposée par le tribunal civil du département de Saône-et-Loire, a divisé les jurisconsultes et donné lieu à une diversité de jurisprudence. Il est néanmoins facile de la résoudre par la connaissance des faits qui ont amené la loi du 12 brumaire an II, par l'économie de cette loi, et en se pénétrant sur-tout de l'intention de ceux dont elle est l'ouvrege.

» On sait que la Convention nationale, dans les premiers momens de sa session, fut vivement sollicitée d'améliorer le sort des enfans naturels : les pétitions s'accumulèrent sur cette importante matière, et dès le 4 juin 1793, il fut rendu un décret portant que les enfans nés hors du mariage succéderaient à leurs pères et mères dans la forme qui serait déterminée.

» Deux mois après, on s'occupa de déterminer cette forme dans un projet de code civil.

» Il y avait, dans ce projet, des dispositions *définitives* et des dispositions *transitoires* : les premières étaient destinées à fixer irrévocablement l'état de la législation ; l'objet des secondes est suffisamment indiqué par leur dénomination.

» Les dispositions définitives formaient les

titres du code ; les dispositions transitoires se trouvaient dans des articles d'appendice, transcrits à la suite des titres auxquels ces articles se rapportaient.

» A l'égard des enfans nés hors du mariage, les articles définitifs n'admettaient point la recherche de la paternité non avouée ; ils donnaient pour père à l'enfant d'une femme non mariée, celui qui le reconnaissait dans les formes prescrites par la loi.

» Selon les articles d'appendice, les enfans actuellement existans nés hors du mariage et dont la filiation était prouvée, devaient être admis aux successions de leurs père et mère, ouvertes depuis le 14 juillet 1789, *ou qui s'ouvriraient à l'avenir.*

» Cette dernière disposition établissait, comme l'on voit, une grande différence entre les règles définitives du code et les articles transitoires.

» Il s'éleva des débats sur ce point dans la Convention nationale. D'une part, on ne trouvait pas juste de priver les pères existans des avantages de la nouvelle législation, et de leur supposer une intention qu'il leur était loisible de manifester : d'un autre côté, les enfans naturels qui étaient en instance avec les héritiers de leurs pères, sollicitaient une décision qui pût régler définitivement leur état et leurs droits.

» Afin de concilier ces divers intérêts, quelques membres proposèrent de détacher les articles d'appendice, de les soumettre de nouveau à l'examen du comité de législation, et d'en faire l'objet d'une loi particulière.

» Cet avis prévalut.

» Les articles d'appendice furent remaniés par le comité ; et après avoir subi les changemens qui les appropriaient au système de la législation nouvelle, ils formèrent enfin la loi du 12 Brumaire an II.

» Cette loi est une ligne de démarcation qu'il ne faut pas méconnaître, et que les juges ne doivent jamais dépasser.

» Elle sépare les successions ouvertes de celles qui s'ouvriront à l'avenir.

» Elle distingue, par conséquent, les enfans dont les pères sont décédés avant la loi, et les enfans dont les pères viendraient à décéder après la publication de la loi.

» Les successions ouvertes sont déclarées appartenir aux enfans nés hors le mariage dont les pères sont décédés, à la charge par eux de faire la preuve qui leur est imposée.

» Les successions non encore ouvertes sont renvoyees à l'article X.

» Pour les pères morts avant la loi, le législateur n'exige qu'une preuve supplétive, résultant soit d'écrits publics ou privés, soit de soins donnés, à titre de paternité et sans interruption, pour l'éducation et l'entretien.

» Pour les pères encore existans, le législateur exige une reconnaissance authentique, puisqu'il entend que l'état et les droits de leurs enfans soient, en tous points, réglés par les dispositions du code civil.

» Relisez les articles I, X, XI et XII de la loi du 12 brumaire an II, et vous y trouverez cette intention manifestée jusqu'à l'évidence.

Article premier.

« Les enfans actuellement existans, nés hors » du mariage, seront admis aux successions de » leurs père et mère, ouvertes depuis le 14 juillet » 1789; ils le seront également à celles qui s'ou- » vriront à l'avenir, sous la réserve portée par » l'article X. »

Art. X.

« A l'égard des enfans nés hors du mariage » dont le père et la mère seront encore existans

» lors de la promulgation du code civil, leur » état et leurs droits seront, en tous points, ré- » glés par les dispositions du code. »

ART. XI.

« Néanmoins, en cas de mort de la mère » avant la publication du code, la reconnaissance » du père, faite devant un officier public, suffira » pour constater à son égard l'état de l'enfant né » hors du mariage, et le rendre habile à lui suc- » céder. »

ART. XII.

« Il en sera de même dans le cas où la mère » serait absente ou dans l'impossibilité absolue » de confirmer par son aveu la reconnaissance » du père. »

» Il suffit de rapprocher ces divers articles, dans lesquels l'esprit du législateur respire tout entier, pour reconnaître qu'on n'a eu en vue, dans l'article VIII, que les enfans dont les pères n'existaient plus ; que c'est pour eux que la loi a fixé dans cet article un mode de reconnaissance, et que ce mode ne saurait s'appliquer à ceux dont les pères existaient encore et avaient par conséquent la faculté de les reconnaître.

» Et qu'on ne dise pas que la loi n'a parlé que

des pères qui existeraient lors de la promulgation du code, et s'est tue sur ceux qui viendraient à décéder entre le code et la loi ; que dès-lors elle est censée avoir compris ceux-ci dans la règle établi par l'article premier, et n'avoir assujéti les enfans qui réclameraient les successions futures, qu'aux mêmes formalités qu'elle avait prescrites pour les successions ouvertes depuis 1789.

» Les raisons se multiplient contre cette objection.

» S'il eût été déraisonnable d'exiger, pour constater l'état des enfans dont les pères n'existaient plus, des conditions qu'il leur eût été impossible de remplir, il aurait été absurde d'opposer une volonté présumée à celui qui pouvait déclarer ses intentions positives ; et voilà la base de la distinction ci-dessus rappelée, le véritable sens de la loi du 12 brumaire an II, et le caractère que ses auteurs ont voulu lui imprimer.

» On a donc exigé pour cette classe d'enfans dont les pères se trouveraient exister au moment de la publication de la loi, une reconnaissance faite devant un officier public.

» C'est dans les articles XI et XII que se trouve cette disposition.

» Elle paraît d'abord ne s'appliquer qu'à des cas particuliers ; mais en y réfléchissant, en se rappelant que le législateur a voulu abolir la recherche de la paternité non avouée, et fonder sur une reconnaissance positive les rapports des enfans naturels avec leurs parens, il est facile de voir que la loi du 12 brumaire a institué la formalité de la reconnaissance devant l'officier public pour les pères survivans.

» A ces motifs, puisés dans l'esprit et dans la lettre de la loi, viennent encore se réunir des considérations extra-judiciaires qui ne doivent point, sans doute, avoir le poids de l'autorité, mais qui peuvent servir à éclairer ceux aux yeux desquels la loi paraît obscure.

» Qu'on revoie la correspondance du comité de législation, et celle de la commission exécutive qui lui était subordonnée ; qu'on pèse les projets émanés de ce comité et les opinions de ses membres, on trouvera que rien n'a été négligé afin d'éviter toute recherche de la paternité non reconnue publiquement.

» Dans un projet de décret d'ordre du jour, adopté par le comité, sur le rapport du représentant du peuple *Oudot*, et qui ne paraît pas avoir été présenté à la Convention nationale, il s'agissait de savoir si la retenue du sixième, autorisée par l'article IV de la loi du 12 brumaire an II, pouvait avoir lieu dans le cas où l'événement de la mort qui a ouvert la succession est postérieur à la loi ; voici la réponse : *Considérant qu'il y a eu transmission de biens aux héritiers présomptifs, si l'enfant né hors du mariage n'a pas été reconnu authentiquement par devant l'officier public, passe à l'ordre du jour.*

» La commission des administrations civiles, police et tribunaux, écrivait dans sa circulaire du 15 prairial an III : *Les actions en déclaration de paternité sont proscrites. Pour vous en convaincre, il suffira d'approfondir avec nous quelques-unes des dispositions de la loi précitée* (celle du 12 brumaire an II); *et d'abord vous remarquerez que si dans l'article VIII, qui ne dispose que pour le passé, la loi n'a donné pour établir*, etc.

» Le 19 brumaire précédent, à l'occasion de quelques articles du code civil, le rapporteur (*Cambacérès*) s'exprimait ainsi à la tribune de la Convention nationale : *Personne n'ignore combien, dans les habitudes de la vie, il est facile de répandre la présomption d'une paternité qui n'a jamais existé ; c'est pour cela que la loi du 12 brumaire exige la reconnaissance du père. Vous avez encore prévu le cas où il n'existerait plus* (à l'époque de la publication de la loi), *et vous avez dit* (par l'article VIII) *qu'alors*

ou

on suppléerait au défaut de reconnaissance par la preuve résultante des actes publics ou privés du père, et des soins donnés, à titre de paternité, pour l'entretien et l'éducation de l'enfant.

» Cette explication n'a point sans doute l'autorité de la loi; mais elle peut du moins lui servir de commentaire.

» Voyons maintenant les objections qu'on oppose à cette doctrine.

» 1.° Vouloir, dit-on, que les successions ouvertes depuis la loi du 12 brumaire an II, fussent régies par un code qui n'a aucune existence, que les enfans n'y fussent admis qu'en rapportant les preuves qui sont exigées par ce code, ce serait lui donner un effet rétroactif aussi injuste, aussi illégal que s'il s'appliquait aux successions antérieures au 12 brumaire an II; ce serait réduire à l'impossibilité les enfans naturels.

» La réponse à cette objection est simple et facile.

» La loi ne rétrograde que quand elle ravit des droits acquis; il n'y a point de rétroaction lorsqu'il s'agit de développer et d'expliquer un principe nouveau ou admis sous des conditions.

» Avant le 4 juin 1793, les enfans naturels n'héritaient pas de leurs peres ni de leurs mères : en leur accordant les droits de successibilité, le législateur a pu se réserver le pouvoir de déterminer l'exercice de ces droits; c'est ce qu'il a fait par le décret du 4 juin.

» Le 12 brumaire suivant, il s'est expliqué à l'égard de ceux de ces enfans dont les pères n'existaient plus; il a renvoyé au code civil le règlement des droits de ceux dont les pères vivaient encore, lorsqu'une reconnaissance positive n'aurait pas fixé leur état.

» Voici la conséquence de ces dispositions:

» Les enfans naturels qui n'ont pas été reconnus par leurs pères, demeurent dans l'état d'indétermination où les avait placés le décret du 4 juin 1793, et ils n'ont que des alimens à prétendre jusqu'au moment où le code civil aura été décrété.

» Il y a moins de sévérité dans cette opinion qu'il n'y aurait de danger dans l'opinion contraire.

» 2.° Si depuis la loi du 12 brumaire, dit-on encore, les législateurs n'ont pas rendu une loi particulière pour les successions qui seraient ouvertes ou qui s'ouvriraient postérieurement à cette loi, n'est-il pas certain qu'ils ont voulu que toutes celles qui seraient échues avant la promulgation du code civil, fussent réglées par les dispositions de la loi du 12 brumaire elle-même ?

» *Réponse.* En décrétant cette loi, la Convention nationale devait croire qu'il n'y aurait qu'un très-court intervalle entre sa promulgation et celle du code civil, dont la discussion était à-peu-près terminée ; elle ne s'occupa point du temps intermédiaire qui devait s'écouler entre ces deux époques, et il en est résulté une véritable lacune dans la loi. Doit-on en tirer la conséquence que les juges et les arbitres ont le droit de remplir cette lacune, qu'il leur est loisible d'interpréter à leur gré les vues du législateur sans l'avoir consulté, et d'appliquer, contre les lumières de la raison, un mode établi pour un temps déterminé ? Non, sans doute ; et si le Corps législatif, en rendant la loi du 15 thermidor an IV, n'a pas prononcé sur ce point, n'est-on pas fondé à dire qu'il a présumé que les droits de successibilité des enfans naturels dont les pères existaient lors de la publication de la loi du 12 brumaire an II, ne devaient être réglés que par le code civil ?

» On invoque enfin l'autorité de la jurisprudence. Ce que je viens de dire répond d'avance aux argumens qu'on peut tirer de la manière dont les tribunaux exécutent la loi du 12 brumaire del'an II. Il en est d'ailleurs plusieurs qui ont su saisir le véritable sens de la loi, et d'autres qui ont référé aux législateurs les motifs de leurs doutes : ajoutez qu'on pourrait citer mille exemples d'erreurs consacrées par la jurisprudence, et détruites ensuite par la jurisprudence même, lorsque les juges ont été mieux instruits.

» Les indications que je viens de donner, jettent une grande lumière sur le point de législation qui vous occupe ; il n'y a que l'intérêt particulier qui puisse s'armer contre des raisonnemens fondés sur le texte et sur l'esprit de la loi. Non, la Convention nationale, en rendant justice à des individus long-temps victimes des préjugés, n'a point entendu placer dans des familles ceux qui ne leur appartiendraient pas. S'il y a quelqu'ambiguité dans les décrets rendus en cette matière, la discussion du projet du code civil les fera disparaître.

» Je vous propose, citoyens Directeurs, d'arrêter, conformément à l'article III de la loi du 10 vendémiaire an IV sur l'organisation du ministère, que le jugement de référé du 12 nivôse dernier sera transmis au Conseil des Cinq-cents, et de prendre des mesures pour éclairer les autres tribunaux sur la nécessité où ils sont d'imiter, sur la question dont il s'agit, la sage circonspection de celui du département de Saône-et-Loire. »

Le Directoire exécutif arrête que le jugement de référé ci-dessus mentionné, sera transmis par un message au Conseil des Cinq-cents, et que le présent arrêté sera inséré au Bulletin des Lois.

LOI

INTERPRÉTATIVE de celle du 15 Thermidor an IV, concernant les droits successifs des enfans nés hors du mariage.

Du 2 Ventose an VI.

Le Conseil des Anciens, considérant que l'état d'incertitude et d'anxiété où se trouvent plusieurs familles, sollicite une prompte décision sur les difficultés qu'a fait naître l'article IV de la loi du 15 thermidor, approuve l'acte d'urgence.

Suit la teneur de la déclaration d'urgence et de la résolution du 8 Frimaire :

Le Conseil des Cinq-cents, considérant que

l'article IV de la loi du 15 thermidor an IV, concernant les droits successifs des enfans nés hors du mariage, a restreint leurs droits de successibilité réciproque avec leurs parens collatéraux, et celui qu'ils ont, eux et leurs descendans, de représenter leurs père et mère, au cas où leurs père et mère ne seraient décédés qu'après la publication de la loi du 4 juin 1793;

Que cette condition qui a pu être exigée pour l'avenir, emporte pour le passé, dans les successions directes et collatérales ouvertes depuis le 12 brumaire an II jusqu'au 15 thermidor an IV, un effet rétroactif qu'il importe de faire cesser.

Déclare qu'il y a urgence.

Après avoir déclaré l'urgence, le Conseil prend la résolution suivante :

ARTICLE PREMIER.

Les enfans nés hors du mariage, de personnes libres, à leur défaut leurs enfans et descendans, ont été appelés à recueillir, soit immédiatement de leur chef, soit par représentation de leurs père et mère, les successions directes et collatérales ouvertes depuis la publication de la loi du 12 brumaire an II jusqu'à celle de la loi du 15 thermidor an IV, quoique leurs père et mère fussent morts avant le 4 juin 1793.

I I.

Les dispositions de la loi du 15 thermidor an IV, qui se trouvent contraires à la présente, sont rapportées.

I I I.

Il ne sera donné aucune suite aux jugemens rendus en conséquence des dispositions rétroactives de la loi du 15 thermidor an IV.

I V.

Si le délai pour se pourvoir en cassation contre des jugemens rendus en dernier ressort, dans les cas prévus par la présente, avant la loi du 15 thermidor an IV, n'était pas encore expiré à l'époque de la loi, dans ce cas le temps qui aura couru depuis la loi du 15 thermidor jusqu'à la publication de la présente ne pourra être opposé : en conséquence, tout recours en cassation peut être admis jusqu'à l'entière expiration du délai qui restait encore à courir à l'époque de ladite loi du 15 thermidor.

V.

La présente résolution sera imprimée.

TABLE

DES SECTIONS.

SECTION PREMIERE.

De la successibilité des enfans nés hors mariage et de personnes libres.

SECTION II.

A partir de quelle époque le droit de succéder est-il ouvert au profit des enfans nés hors mariage ?

SECTION III.

SECTION IV.

Des preuves nécessaires pour la successibilité des enfans nés hors mariage.

SECTION V.

Des enfans adultérins.

SECTION VI.

Des enfans naturels sous le rapport des droits de citoyen.

Fin de la Table.

www.ingramcontent.com/pod-product-compliance
Ingram Content Group UK Ltd.
Pitfield, Milton Keynes, MK11 3LW, UK
UKHW020336180726
13839UKWH00002B/739